前　言

环创是一种会说话的"语言"，也是一种视觉艺术。环创是每一所幼儿园都会顶层设计并开展的一项工作，当你步入门厅或者廊道，环境创设能让大家了解园所的文化与特色，感受园所追求教育价值与品味，可以说它能带给我们最直观的第一印象。2013年建园的嘉定区昌吉路幼儿园，始终在艺术领域展开"创想绘画"的思考与实践，那么如何创建孩子喜欢的环创？如何凸显艺术特色？呈现师幼互动？体现教师隐性教育价值与品质？在特色研究与环境布置中，昌幼始终以问题为导向积极地同孩子、老师们互动，并带着这样的思考开启艺术环创之路。

开放的环境是幼儿园的又一位教师。环境是幼儿学习和认知的重要方式，也是最佳的'记录'形式之一，还是幼儿与同伴之间、与成人之间、与物之间互动的关键性因素。因此环创需要"儿童视角"！

本书积累了孩子们喜欢并充满艺术性的环创，如基于孩子们"希望墙上挂满小朋友画的画"、"希望天花板上可以垂挂一些东西下来"等想法，在尊重孩子想法、满足孩子愿望基础上进行艺术性巧妙布局，带给孩子美的感受与自主自信。在公共廊道里利用环境中的每一个角落融合创设了"星空"、"荷塘月色"，可驻足欣赏，也可互动玩耍（游戏）。活的教育环境需要富有创意的支持，既要重视创设让孩子主动参与的环境，还要注重环境的隐形支持。在园所特色创建中，深刻认识到环创与课程特色之间相辅相成的关系，我们利用宽敞的廊道创设了开放互动的可欣赏、可操作的环境——"艺术好好玩"，结合生活美学元素，这里有"i画空间"艺术馆、"色彩魔法师"、"结构工程师"、"梦想改造家"，孩子们操作的工具、材料与作品艺术性地呈现在环境中，从空中到墙面、到地面，都是孩子们可不断欣赏、探索、探秘与创作，充分把握了艺术环创与主题的融合，与空间的融合，与环境的融合。

艺术，是人类不需要翻译的共同语言，也是人类得以净化心灵、提高素养的重要工具，因此环创中的艺术性与儿童视角是我们不断提升与追求的环创品质。在此感谢本园环创中出谋划策的专家与领导们，还有昌幼的教师团队、孩子与家长们，特别感谢在昌幼的环创上的鼎力支持与指导的创意美术专家陈泠风老师，其艺术素养高、视野开阔、随性有思想，所倡导的生活美学与我园特色研究理念吻合。艺术环创之路没有永远的结果，只有进行时，让艺术环创扬起孩子艺术之舟的风帆！激发孩子的想象力和创造力！

嘉定区昌吉路幼儿园

孙凤

目 录

Contents

我们都知道，"艺术源于生活，高于生活"。我认为环境最重要的就是潜移默化的艺术熏陶。美，是我们绕不开的主题。每个环境都必须有美的感染力。而在环境创设的过程，我们应该以最简单、高效的方式来完成，让老师把更多的时间及精力回归教学。

——陈泠风

编 委 会

主 编

陈泠风

副主编

孙凤　凌洁

参与幼儿园

上海嘉定区昌吉路幼儿园

参与教师

周丽华	许洁	吕扬	邱艳蝶	丁 一
鲍春花	张晴	秦夏	杨少然	王晓君
杨佳懿	曹祎婷	乔萍	钱萍	王祎梦

监制

凌洁

排版设计

封悝蓓

什么是环境布置

PART1 的 基础

授人以鱼不如授人以渔，环境布置的基础是学会制作有艺术感的美术作品。作品的艺术感直接影响环境的艺术感。所以，学会做环境，首先要学会做作品。

作品也分为两种，一种是幼儿个人作品，可以是美术集体活动中的作品，也可以是个别化美工区中完成的作品。还有一种是集体的大型作品，由多名幼儿合作完成。

作品最重要的是要解决两大元素的关系，一个是主体，一个是背景。能够妥善处理好这种关系，就能够制作出赋有艺术感的环境。而重点，就是对两大因素的解构、思考、重塑和整合。这两大关系将会体现在每一组环境当中。

作品到环境，只是一步之遥。

集体大型作品

作品是环境的缩小体现。将作品构思进环境是最简单的方式之一。

我们以印象派大师莫奈的《睡莲》举个例子。

作品主体是睡莲和叶子，背景是河塘。

那如何将作品构思进环境呢？制作作品的时候，考虑到个别化环境的呈现，需要对大师的欣赏作品进行纵向联系，因此我将作品设计成了集体大型作品。

　　说到大型，首先就是放大。我们先要准备一块适合大小的底板。

　　其次对主体和背景进行解构，作品和环境一样，我们有时候都会为了增加画面的层次性，使用一些材料，让平面的作品更具有立体感。而环境更是一个空间的存在，因此在解构的时候，应该尽可能将平面的元素往立体的角度去转化。因此，在融合的时候，将个别化活动中颜料平面绘画（水面部分）和超轻粘土的立体制作（莲叶和莲花部分）两部分进行整合完成这一大型作品的呈现。

周丽华：

　　结合大班《春夏秋冬》主题以及日常的名画欣赏活动，孩子们对莫奈的睡莲有极大的兴趣，个别女生尝试运用超轻黏土制作美丽的睡莲。于是，我和孩子们一起欣赏有关睡莲的图片与视频，进一步了解睡莲的特征。同时，在班级里创设了"大师墙"，呈现了莫奈的多幅睡莲作品让幼儿欣赏。

■ 教师感想

首先，孩子们在油画板上用深绿、淡绿、湖蓝、咖啡色、白色等表现池塘与莲叶，他们充分运用前期欣赏中获得的经验"莲叶有大有小、莲叶之间相互叠合"。创作中，孩子们情不自禁地说："原来水池里有这么多的颜色。"微波粼粼的水面、层层叠叠的莲叶鲜活而灵动。

在制作莲花时，孩子们充分运用已有经验，使用超轻黏土来制作。他们将黏土做成花瓣的样子，一层层叠加，一朵朵立体的莲花栩栩如生。

在作品整体布置时，孩子们又有了新的发现，每一块油画板可以任意拼接组合，每一次布置都会呈现不一样的景色，这就是艺术的魅力。

个人小型作品

把个人的小型作品放在环境中是最简单直接的布置方法。

在让孩子创作之前，要充分考虑几方面的内容，首先无论选择纸张还是画板，绘画的载体要统一，布置要讲究形式感。

其次创作方式和艺术风格要统一，每一堂美术活动课的重难点都不一样，不要过分强调多元的表现方式在一次活动中呈现。小型作品布置在环境中，一般都需要一定的量。因此，一般的美术活动都会采用单一的创作方法和表现形式，不仅可以让老师更好地提升孩子的艺术体验，更能提升作品的艺术感和完成度。

小型作品布置在环境中，整体的呈现效果的质量就是取决于每张作品的是否有艺术感。

许洁：

马克笔、酒精、瓷砖，看似不相干的三种物品，就这样在艺术活动中发生了妙不可言的碰撞。用马克笔在瓷砖上刷上几笔不规则图形，趁着颜料未干透，赶紧滴上几滴酒精，梦幻的效果马上出现了。

酒精瓷砖画的魅力在于它"可控"又"不可控"。世界上没有两片相同的叶子，同样，酒精瓷砖画里也不会出现相同的颜色、相同的纹理。瓷砖画简单的材料、便捷

的操作、无限的创意，使得孩子们乐此不疲地进行着一次次的尝试，很快一块块与众不同的瓷砖便出现了。将孩子的个人作品进行组合排列，配上深蓝的底色和悬挂的星球，别具一格的环境就出现了！

当然，每块瓷砖画里都有着不同的故事，如果用笔再去勾勒几笔，又将有不同的乐趣。只要敢想敢画，每个孩子都是艺术创造者！

　　在布置个人小作品的时候，布置的过程往往比孩子的创作过程更难，因为要考虑作品的排列方式、画面的色彩、花纹及内容之间的相互影响。如果是纸张，还要考虑作品如何装裱等。所以，在孩子的作品上墙前，我们一定要三思而后行。

PART2

环境布置 的 打开方式 打开方式 正确

先考虑载体，再制作作品

我们已经明白孩子的作品是环境创设最基本的元素，大部分老师在创设环境时，都是先让孩子把作品画在纸上，然后把作品取局部或直接装裱呈现在环境中，所以纸是表现作品最基本的载体。因此，我们往往走进一个误区，总是先把作品做出来，再去考虑如何布置到环境中。这样通常会受到很大的局限，创设出来的环境并不高大上，反而有一种"大拼盘"的感觉。

所以，我们在组织幼儿创作前，首先需要考虑在什么样的载体上进行创作。每一种载体有自身独特的特性，我们可以尝试将载体的特性运用到作品创作中。

举个例子，薄的雪弗板有一定的韧性，能够拗制特定的造型；厚的雪弗板坚硬不易变形。那我们就利用雪弗板的这些特性进行创作。

吕扬：

这是创意长廊的一处隔断，不仅色彩丰富，而且具有流线型和动态美。

孩子们先在雪弗板上进行长卷绘画，几个孩子共同合作表现任意内容，可以是自由洒脱的玩色，也可以具象写实的绘画。待雪弗板的双面都完成创作后，由老师将雪弗板均匀切割成宽度相同的条状（顶部不切断）。最后将顶部固定，下面切开的条状摆出优美、灵动的造型。

■ 教师感想

温馨提示：

1、普通雪弗板长度是2.4米，如果走廊较高，这样的高度不够，可以用一样宽度的雪弗板进行连接，有一定长度更容易摆出丰富的造型。

2、雪弗板是立体呈现，所以正反两面都要绘画，建议活动分两次进行。

3、在幼儿合作表现时，关注他们的合作协商能力，在画面的布局、色彩的运用上予以指导。

PART3

做个聪明 的 懒人

如何有效地进行环境创设，前面我们讲了方法，现在来举几个具体的例子。

我们建议老师做一个聪明的懒人，通过有效的活动设计和巧妙的展示方式，让作品自然而然地成为环境。不仅可以减轻教师的工作量，更能得到意想不到的效果，充分体现环境的艺术性、灵动性。

1

五彩鸟儿

年龄段：大班

执教者：丁一

设计思路

自然角里的一只鹦鹉引起了孩子们对鸟儿的关注，结合大班《动物大世界》主题，孩子们通过观察、讨论以及各种资源的收集，积累了关于鸟类的经验和认知。

艺术活动要给孩子更多的感受与体验，让他们在玩材料中感受创新与多变。本次活动运用的材料是个别化学习活动操作中多余下来的报纸边角料，既能萌发孩子的环保意识，同时也为孩子的借形想象提供了无限可能。活动有别于传统美术活动单纯地运用纸和笔进行绘画，而是利用报纸已有的形进行想象，大胆表现鸟的不同特征和姿态，激发对鸟类的关爱情展。

活动目标

1、利用报纸进行借形想象，大胆表现鸟的不同特征和姿态。

2、萌发对大自然中的鸟类进一步探究的兴趣。

活动准备

1、物质准备：ppt（不同鸟类图）、背景音乐（伴有鸟鸣叫的音乐）、英文报纸边角料、彩色手工纸边角料（大小不同、各种形状）、炫彩棒、固体胶等。

2、经验准备：初步了解鸟类的基本特征。

一、欣赏交流——激发幼儿兴趣，了解鸟类的基本特征

1、交流互动：

（1）今天有个朋友来做客，猜猜它是谁？（播放鸟叫的录音）

（2）你们平时见过哪些鸟？它们长得什么样？

2、欣赏图片，观察各种鸟类各部位的特征、各种姿态及美丽的色彩等。

二、观察讨论——了解用报纸制作鸟的方法

1、导入：鸟类千姿百态，今天我们用特殊的方法变出鸟朋友。

2、讨论：

（1）报纸可以用来做小鸟的什么？（提升：大大的可以用来做小鸟的身体）

（2）可以怎么放？（提升：各个方向都可以）

▶ 报纸除了可以作为小鸟的身体，还可以做什么？（提升：用小小的报纸可以变出鸟的尾巴、嘴巴、翅膀等）

▶ 小鸟可能在干什么？（根据幼儿回答进行归纳、总结、提升，表现鸟的不同动态）

总结与过渡：大自然中有各种各样的鸟朋友，有的鸟有奇特的嘴巴和尾巴，有的鸟身上披着五颜六色的羽毛，还有的鸟会做出各种不同的动作。

二、幼儿创作——大胆创想表现鸟的特征和姿态

1、交流：你想请哪位鸟朋友？它有什么特别的地方？可能在干什么？

2、幼儿创作（PPT播放鸟的图片以及鸟鸣叫的声音）

3 活动过程

观察指导重点：

（1）用剩下来的报纸边角料可以变成鸟的什么？（重点：鸟的整体方位）

（2）你最喜欢的是什么鸟？什么地方最特别？它可能在干什么？（重点：鸟的特征和姿态）

（3）有的小鸟和自己的朋友在一起；有的小鸟在树上休息。（重点：画面布局）

（4）小鸟身上有浓密丰满的羽毛，小鸟穿上什么漂亮衣服？（重点：用炫彩棒涂色，增加画面色彩）

（5）材料架上的各种材料都可以用，表现最独特的小鸟。（重点：引导幼儿个性化的表现）

四、交流分享——萌发对不同鸟类的探索兴趣。

1、交流：你们请了哪些鸟朋友？他们在干什么？

2、总结与延伸：大自然中各种各样的鸟都是人类的好朋友，我们要关心、保护它们。还可以到图书室去了解更多关于小鸟们的秘密。

■ 创作步骤

1、任意选择英文报纸边角料或用英文报纸随意撕出图形。

2、根据图形的大小、形状等进行合理想象，添加鸟的特征，如眼睛、嘴巴、翅膀和尾巴等。

3、搭配颜色，添画鸟的羽毛，注意涂色方法。

小贴士：

　　每个孩子制作的小鸟五彩斑斓，但如果直接将这些作品放在一起展示，颜色会相互影响，效果大打折扣。因此在小鸟周围留一圈黑色或者白色的边，既能保留每个小朋友作品的独立视觉效果，也能保持整体的色彩统一。

4

环境布置

■ 将来自于大自然的还原到大自然中去

为了让孩子更好地亲近自然，了解鸟类的生活环境，我们将作品与自然环境融为一体。首先考虑到作品颜色亮丽，选用了生命室的一块绿植墙作为背景来衬托。其次考虑到植物的叶片和鸟的尺寸都比较小，导致画面琐碎，所以制作了几片较大的叶子，既起到稳定画面的作用，又能统一整个环境的色调。

我们在打造环境的时候往往会疏忽环境是一个空间立体的存在，因此生命室中原有的架子就是最好的载体，一起布置可以为整个环境添分哦。

小小蒙德里安

年龄段：小班

执教者：曹祎婷

设计思路

在幼儿艺术素养提升过程中，向大师学习是不可或缺的方法之一。在《指南》精神引领下，我们更关注艺术活动中的欣赏与感知。蒙德里安尝试找出一个"简单的艺术法则"，以最简单的线条和造型来代替描写实物或气氛。他认为："艺术不是要复制那些能看得见的，二是要创造出你想让别人能看得见的。"他的作品色彩鲜明，造型简单，适合小班幼儿欣赏。

《小小蒙德里安》这节活动课让幼儿认识了艺术大师蒙德里安，欣赏感知其作品中色块与线条的关系。同时，引导幼儿用剪贴的方法装扮生活中的物体，进一步感受美、体验美、欣赏美。

活 动 目 标

1、欣赏感知蒙德里安作品中线条与色块不同排列组合而产生的艺术美。

2、迁移运用格子画的元素来装饰纸盒，体验创作的乐趣。

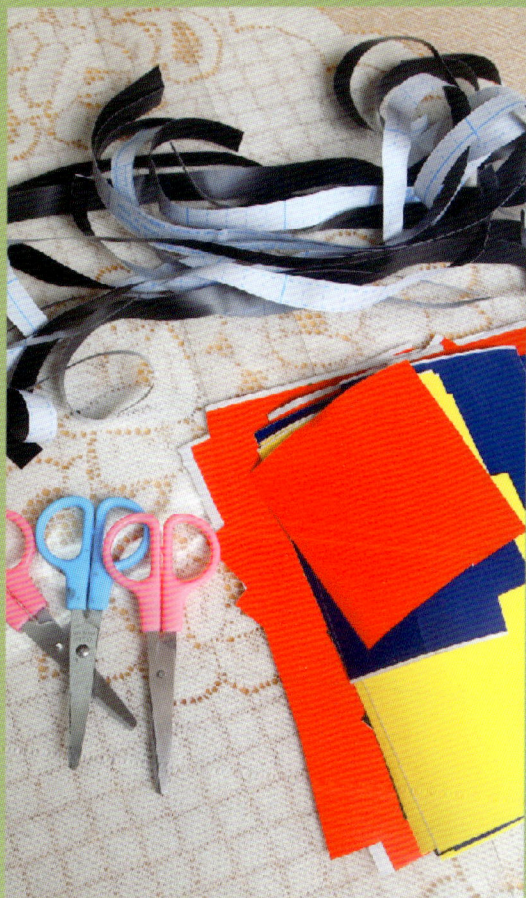

1、物质准备：PPT、黑色即时贴线条（2厘米宽）、红、黄、蓝三色的即时贴色块、大小不同的白色纸盒、剪刀。

2、经验准备：幼儿前期有名画欣赏的经验。

活动准备

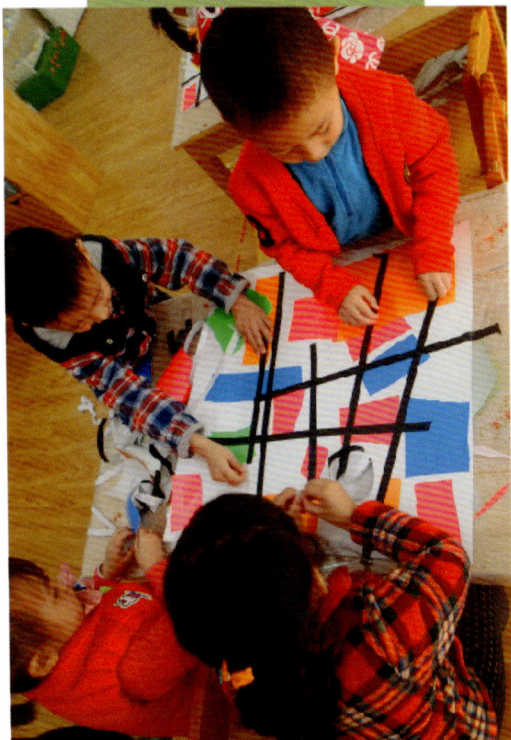

一、欣赏感受——欣赏大师作品及作品元素的运用

1、欣赏动态PPT

（1）我们今天请来了一位朋友。看看是谁？

（2）一根线条宝宝很孤单，如果多请几根线条朋友又会发生什么变化呢？

（3）猜一猜，接下去还会有什么变化呢？

小结：横线条和竖线条变出很多大大小小的格子，格子里住着红色、黄色、蓝色。

2、欣赏大师作品

（1）其实这幅格子画是一位大画家的作品，他的名字叫蒙德里安。他还画了很多格子画，我们一起看看吧！（欣赏蒙德里安的其他作品）

（2）互动交流：看看大师爷爷的画里有什么一样的地方？哪些地方不一样？

小结：大师爷爷的画里都有线条和红黄蓝格子，有的格子大，有的格子小。

3、欣赏生活中含有红黄蓝格子画元素的物品

（1）过渡：大家很喜欢大师爷爷的格子画，他们把大师爷爷的画用到生活中很多的地方！

（2）欣赏PPT，感受格子画在生活中的运用。

小结：格子画把这些白白的东西变得更美了，真是一位了不起的画家！

二、自主创作——迁移运用格子画的元素装饰生活中的物品

1、要求：这里有一些白白的纸盒，请你们帮忙，用格子画把它们变得更漂亮。

2、观察指导重点：

（1）小手撕一撕，剪刀剪一剪，让黑黑的线条变成大大小小的格子，格子里住着色块宝宝。

（2）和好朋友一起装扮，让白白的盒子变漂亮。

三、交流分享——相互欣赏，体验创作乐趣

1、我们把白白的盒子打扮得真美，一起拍张照片吧。（师生共同摆放作品，并合影留念。）

2、总结与延伸：今天我们用孟德里安爷爷的好方法装扮了纸盒，下次再来装扮其他物品，比如我们的桌子、小椅子，好吗？

3

活动过程

■ 创作步骤

1、用黑色的即时贴线条在纸盒上拉出大大小小的格子。

2、将彩色即时贴色块根据大小贴到不同的格子内。

小贴士：

　　小班幼儿艺术创作的过程中往往会把内容都放在中间，而忽略边缘，所以在观察指导过程中要提醒孩子把黑黑的线条变长，一直到达边缘。另外在彩色即时贴色块的提供上，要有不同的大小，幼儿可以根据格子的大小有目的地进行选择，也可以使用剪刀裁切需要的尺寸。

我们运用正方体来立体呈现蒙德里安的绘画风格，单一的个体无法引起孩子的注意，为了达到震撼的视觉效果，我们将一组正方体进行组合排布，成为一个大型装置艺术。正方体堆叠的时候注意角度变化哦！改变堆叠的角度会让整个环境更加富有活力。

在本次活动中，主要是引导小班孩子感受线条与色块组合的美，他们的创作是随性的，作品会有些"凌乱"，而且在一堂集体活动时间内，孩子不可能完成正方体六个面的创作。所以在每个正方体空白面上张贴大师的作品，让大师的作品和孩子的作品融为一体。让孩子能够有更多的机会欣赏大师作品。切记一组正方体里面，不能全都是孩子的作品哦！

汽车嘟嘟

年龄段：中班

执教者：乔萍

设计思路

汽车是幼儿生活中常见的交通工具，各种各样的汽车玩具也是孩子们特别喜欢的。在中班《我在马路边》主题开展过程中，孩子们积累了丰富的关于汽车的经验。在个别化美工区中，孩子们尝试运用剪贴等方式创作汽车。

版画是视觉艺术的一个重要门类。有木板、石版、铜版、锌版、麻胶版等多个品种，基本工序是先制版，然后通过印刷产生艺术作品。为了进一步拓展艺术表现形式的多样性，本次活动我们将版画与汽车主题结合，引导幼儿尝试运用版画的方式表现常见车辆的基本特征。

1、初步尝试运用版画的方法表现常见车辆的基本特征。

2、进一步汽车在生活中的不同用途。

活动目标

活动准备 **2**

1、物质准备：PPT（常见车辆图片）、黑白卡纸、固体胶、彩色铅笔、油画棒、剪刀。

2、经验准备：幼儿有操作剪刀的经验。

一、活动导入——巩固认识不同种类的车

1、（出示常见车辆图片）马路上真热闹，看看有哪些车？

2、这些车有什么用？

小结：小轿车、面包车、大客车是载人的，给我们的出行带来了方便；消防车、警车、救护车是特种车辆，确保我们生活安全；卡车、货车是运送货物的，给我们的生活提供便利。

二、制作模板——自主剪贴，表现车辆的主要特征

1、过渡：今天我们来做一回汽车设计师，造一辆自己喜欢的车。

2、交流：你要造什么车？有什么特别的地方？

3、自主创作：

（1）造汽车需要准备各种配件（用白色卡纸剪出汽车的轮廓、主要部件和装饰）

（2）各种配件组装在一起（将剪下的各种部件组合拼贴在黑色卡纸上）

三、色彩拓印——尝试运用版画拓印的方法给车辆上色

1、演示：

（1）刷油漆前先铺上一张白纸

（2）选择自己喜欢的颜色（油画棒或彩色铅笔）给车辆上色。

2、幼儿尝试拓印

观察指导重点：

1、刷刷刷，上上下下来回刷。

2、你发现了什么有趣的事情？为什么有额地方有颜色，有的地方没有颜色？

延伸活动：

今天我们用新方法制造了这么多有用、好看的车，一起把它们请到热闹的大马路上去吧。

3 活动过程

1、运用剪、拼、贴的方法表现汽车的主要特征

（每辆车都有自己的特征，卡车的轮子有很多；大客车的轮胎比较大；警车上有警灯；车窗的形状不一样；车身上的装饰也不一样的……）

2、运用版画的方式表现车辆的颜色

（印色的时候注意油画棒的角度和力度；可以使用多种颜色，表现渐变或彩色的小汽车。）

小贴士：

在制作汽车模板的时候，提醒孩子剪下来的碎片可以用来装饰车身，这样能更好地体现拓印效果。

覆盖印色的纸张建议选用较薄的打印纸，等完成后按外轮廓剪下，在背后衬上一张卡纸，增加作品硬度。

■ 创作步骤

环境布置

■ 将生活经验转化为艺术载体

　　生活场景的置入是幼儿园环境创设经常采用的方法之一。我们将孩子们创作的平面汽车立体化呈现，与蜿蜒的高架、参差的高楼、美丽的绿化融合在一个完整、丰富的场景之中。这样的呈现不仅给孩子提供了一个作品展示的平台，更能激发孩子后续的创作，如制作交通标志、马路、行人等，只要孩子有兴趣，一切皆有可能。

　　当然，在布置的时候有一些细节需要注意：用纸盒制作的房子颜色不一样，在黑白色系的房子前面配置一些彩色的小汽车；而在彩色建筑群前面尽量放一些单色的车辆，以免造成主体和背景颜色太花哨。

PART4

载体 的 选择

平面载体

纸张是最常见的平面载体。但纸张容易受潮、损坏，所以在环境创设中我们会选择一些持久耐用的材料代替纸张的使用。比如油画框、油画板、瓷片、板材等等。各种载体的形状也有所不同，可以分为规则和不规则两种。

● 油画板和油画框

　　油画板和油画框是最简单的载体之一，一般都是规则的形状，比较常见的有正方形、圆形、长方形和六边形。布置难度相对较低，通常就是规则有序地排列。

　　长方型油画框的布置比较讲究形式感，排列布局、色彩搭配、疏密关系等都十分关键。

● 泡沫板

泡沫板材质轻盈，容易切割，所以我们经常用来雕刻各种造型，进行组合搭建。其中最为我们熟知并大量使用的就是KT板。

挤塑板，是我比较推荐的一种泡沫板，有不同的厚度，制作出来的作品比较有质感。

由于泡沫板总体来讲硬度较低，受外力容易发生变形损坏，因此比较适合用于只需要短时间保存的作品。而在需要长时间保存的公共环境和功能室环境中，我们一般可以对板材进行规则或者不规则的裁切，以吊饰的形式布置在环境中。

● 雪弗板

雪弗板相对于泡沫板来说，不仅硬度高，裁切平整度以及光滑度也比较高，受到外力不容易损坏，作品可以长期保存。所以雪弗板的利用率高，不仅可以使用在室内环境中，甚至可以运用到户外环境中。

雪弗板的"利"显而易见，但也有其"弊"，那就是硬度高，大部分幼儿园女教师加工裁切比较费力。而且，较厚的雪弗板偏重，不适合整块使用。因此，建议选择1cm厚度以下的雪弗板比较合适。

邱艳蝶：

　　一只只栩栩如生的小鸟遍布在校园的草地上，小班的孩子们用瓶盖、吸管等生活材料或落叶、干花、松果等自然材料为小鸟穿上花花衣。瞧，瓶盖连一连变成了小鸟的项链；吸管排排队变成小鸟身上与众不同的花裙子；树叶组合可以变成小鸟身上的羽毛和皇冠……

ART

首先选择孩子们喜欢的小鸟造型，在雪弗板上进行切割，然后在上面覆盖彩色的即时贴（有粘性的一面朝外）。最后给小鸟装上细细长长的脚，它就能稳稳地站立了。创作的时候，孩子们先撕下即时贴的白色盖纸，然后选择自己喜欢的材料轻松地排列、粘贴，按照自己的想法装扮美丽的小鸟。

当然，除了小鸟，还可以用雪弗板制作孩子们喜欢的任意造型。我们只要多走近孩子，多倾听他们的想法，就一定能和他们一起创造无穷无尽的美。

立体载体

　　环境是一个三维的立体空间，平面的载体难以满足较大的空间需求，因此我们会选择一些现成的生活材料进行组合，或是自己制作立体的载体。而在选择和制作的时候，最重要的一步就是思考如何将材料进行组合，构成大型的载体，以满足空间上的需求。

板材搭建

将平面载体进行裁切、拼搭、组合，是一种非常有效的方法之一。最重要的是可以不受约束做出各种造型。一般有造型搭建和几何搭建两种方式。

离毕业
还有

37天

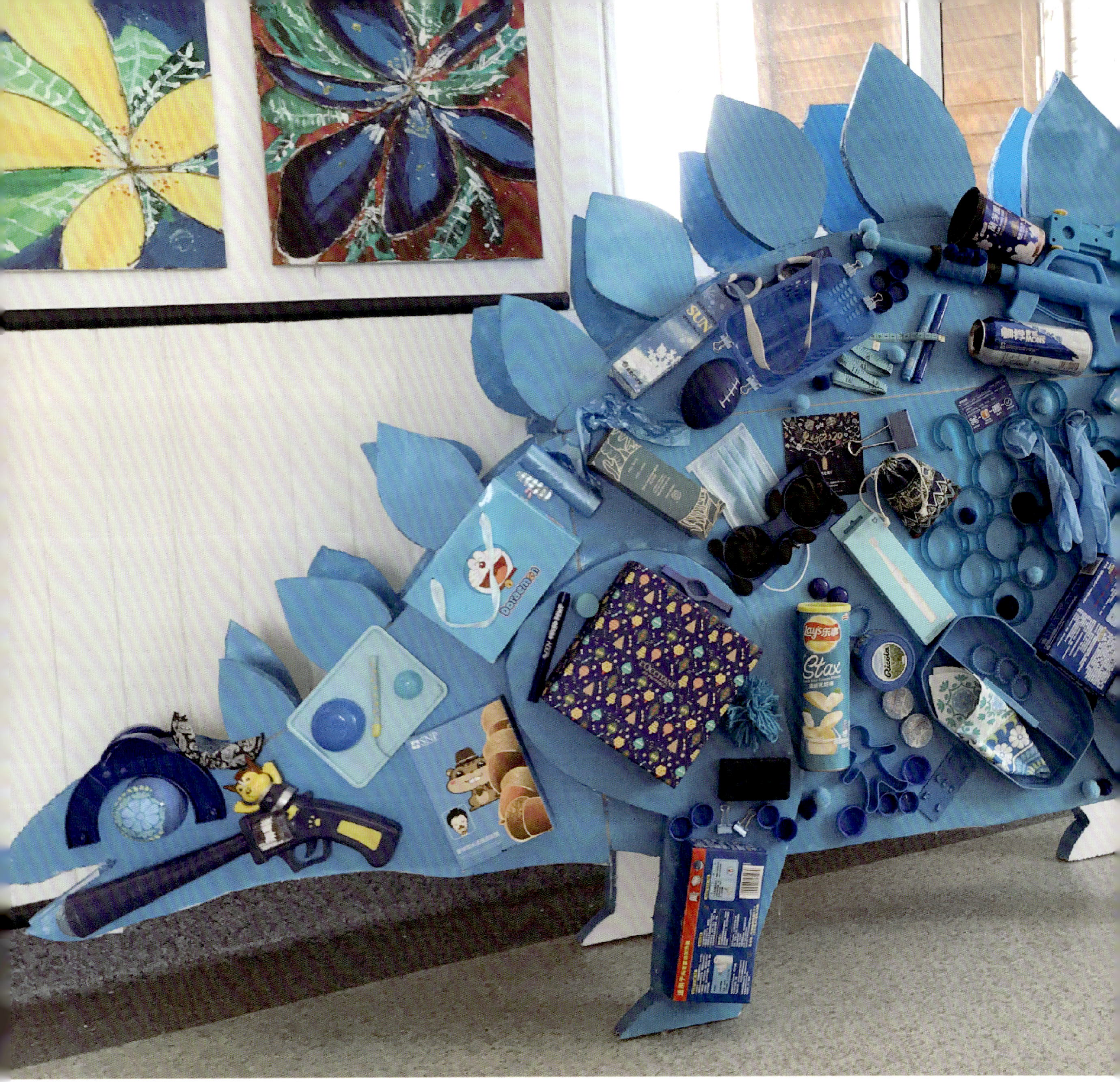
SUN
lay's乐事
Stax
SNP

A. 造型搭建

挤塑板是非常好的立体搭建板材之一，一般推荐2cm厚度。挤塑板有一定的强度，且质量较轻，容易搬运，能够在空间中任意调整位置。

一般而言，在立体搭建前，我们先要对某一造型的结构进行解构，然后将板材按结构进行裁切和组合，最后我们再用各种表现方式在搭建的载体上进行进一步的艺术创作。

丁一：

在"动物大世界"主题下，孩子们对恐龙产生了浓厚的兴趣。我们利用挤塑板制作了一只立体大恐龙，一下子吸引了孩子们的目光。

这可不是一只普通的恐龙，而是一只以它的蓝色躯体象征环保理念的恐龙。孩子们开始了"蓝色宝贝"大收集，深蓝、浅蓝、湖蓝、湛蓝……各种各样有关蓝色的生活物品都被有目的地收集了起来。接着就是孩子们的自主表现，他们将收集到的各种蓝色物品黏贴到大恐龙的身体上。别以为孩子们的黏贴是随意的，每放一件物品他们都会精心考虑，首先要考虑大小，如果材料太大超出身体部位的肯定不行；其次要考虑排列方式，如果空间小放不进那就换个方向和角度再试试。在创作中，孩子们还尝试运用了多种黏贴工具，纸盒等用普通的双面胶粘贴，有重量的塑料盒等用3M透明双面胶或点胶粘贴；还有一些铁罐或大的洗衣液桶则需要在老师的帮助下使用热熔胶粘贴。

这个活动不仅满足孩子们对恐龙的兴趣，还在创作过程中积累多元操作经验，更重要的是帮助孩子们树立环保理念，知道生活中的很多物品都可以作为艺术表现的材料。

■ 教师感想

温馨提示：

1、孩子们收集而来的物品都要经过清洗和消毒后才可以投放使用。

2、根据幼儿对恐龙的兴趣，可以制作不同的恐龙，如蓝色的霸王龙、红色的三角龙等，黄色的翼龙等，将所有的作品组合成列，成为更具震撼力的大型场景。

钱萍：

　　将白色雪弗板错落纵横、组合构造出一个大型的建筑群，并且镂空出大小不一的窗户。每一扇窗户里都有孩子们自己创编的有趣故事，在孩子们的巧手描绘下，一幅幅在幼儿园生活、游戏、学习、运动时发生的有趣画面就展现在每一扇窗户上。在幼儿作品展示中体现了老师的小心机，凑进看，每一幢房子的窗户底板都是同一个色系，或淡黄，或米白，既与白色建筑融合呼应，又能更好地突显孩子的彩色画作。每一幢楼的窗户中既有孩子的作品，又有一些明亮的塑料片色块，两者互相衬托。最后用大块KT板衬底与镂空窗户之间留出足够的空间，立体感、通透感即刻突显。

　　在建筑的空白处，运用孟菲斯风格的几何图案和线条自由组合。材料选用的是即时贴，色彩鲜艳，即剪即贴，满足孩子们自己动手，自由拼贴的愿望；色彩上采用的是蓝、黄、粉等明快、亮丽的色调。几何图案与线条等经典元素的自由搭配，总能让人眼前一亮。

　　太阳毫不吝啬它的光芒，透过一扇扇窗户，照射到每一副作品上，照射进每个孩子的内心，这里是孩子们幼儿园快乐生活的见证。

瓦楞纸板也是我们经常用来塑造造型的板材，比较适用于整体简单的造型。但由于瓦楞纸板容易受潮变形，所以造型不宜过大。

B.几何搭建

根据不同的环境需求，可以使用KT板、挤塑板和雪弗板等板材进行立体搭建。

在这组大型组合中，我们使用的是1cm厚度的雪弗板。先鼓励幼儿在每一块雪弗板上进行创意表现，然后将把雪弗板设计成拼板，切割出拼接的卡槽，最终组合成大型作品。

鲍春花：

　　将挤塑板切除成任意的造型（以方形、多边形为主），孩子们自主选择喜欢并大胆表现丰富多彩的内容：可爱的小兔小鸟；美丽的花朵草地；憨态可掬的圣诞老人、美味可口的甜甜圈……

　　每个孩子的作品完成后，我们在每一块板面上裁切出一到两个切口，并将所有的板面组合在一起，形成了一个大型立体雕塑。

温馨提示：

1、背景底色需全部干透才可以进行主体内容的表现。

2、组合拼搭时注意各板块的色彩和整体造型。

■ 教师感想

● 生活中的材料

运用到环境创设中的生活材料以安全为首。另外，我们需要会一双发现的眼睛，对看到的东西有所思考，会分析材料的特点和特性，通过有效的制作和使用，让这些看似普通的材料变的与众不同。

A.材料改造

在环境创设过程中，老师们会使用很多常见材料。比如伞，绝大部分老师的使用方法是让孩子在伞上彩绘，然后作为吊饰呈现在环境中。这样的方法并不能突显艺术性，因此我们着力打破常规动作，首先选择大大小小的纸伞，将伞面打开后进行排列组合，构成一个有形式感的大型平面。然后根据主题，鼓励幼儿在大小不同的伞面上进行表现。

张晴：

我们将西方名画与中国手工艺相结合，把纸伞作为绘画的载体，孩子们将欣赏到的大师作品通过画笔搬至伞面上。这一整幅大型作品还有一个特别的地方值得鉴赏，就是将平面作品转换到了三维空间中。利用地面与木架形成一个相连的场景，孩子们在油画板表现池塘与荷叶，再用皱纸折出莲花摆放于池塘荷叶上，最后将油画板摆放于木架底下，木架上的睡莲与地面睡莲两相呼应。

于是，一幅中西融合、韵味独特的三维立体作品——《睡莲》呈现在眼前了。

这样的方法可以运用于很多作品，不仅可以装饰校园，也可以设计在主题墙面上，打破传统的平面展现方式。除了美化环境之外，如果能结合区域性材料的操作，让幼儿有效地利用材料与现有环境进行互动，那更是一处既美观又多功能性的环境了！

　　再举个例子，铝箔管是常见但是不太使用的生活材料。它能弯曲、拉伸的特点可以帮助我们设计出很多丰富的环境。比如在《过新年》、《我是中国人》等主题下，可以将铝箔管制作成龙的身体。在春天到来之际，将铝箔管设计成植物的藤蔓，再配上孩子制作的花卉和叶子，就是一组很不错的大厅环境。

B.现成材料的使用

取现成材料，是创设环境比较高效的方式。只要有巧心思，很多小型现成的载体也能用出非常好的效果。

比如在幼儿园游戏活动中经常使用的叠叠乐积木块，只需要准备一张适合大小的底板，将叠叠乐积木块排列好并在上面进行艺术创作，然后将一块块将积木块按照一定的间隔距离，固定在底板上就完成了。

保丽龙球也是环境创设中经常用到的现成载体。空心的保丽龙球可以用于吊饰，也可以用支架进行支撑。

在艺术创作过程中，我们可以给孩子提供不同的颜料进行大胆玩色，感受色彩的融合与变化；也可以用超轻粘土、即时贴等材料在保利龙球上进行创作。

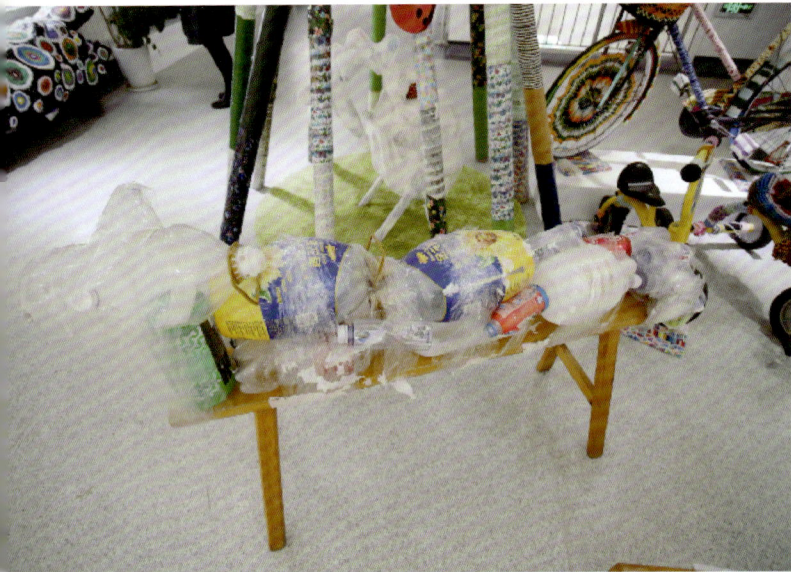

C.可回收材料

饮料瓶、纸箱、纸盒等可回收材料，是大型立体环境中非常适合塑造造型的材料，通过胶带、美纹纸可以对材料进行固定塑型。

在过程中，让孩子将较小的盒子和瓶子搭建成较大的造型会非常困难，因此我们可以结合淘汰的塑料，木制椅凳等大型的立体载体，帮助孩子有效的固定材料和塑造造型。最后使用包裹纸浆的方式强化造型后，就能就行上色啦。

■ 教师感想

王祎梦：

　　说到可回收材料，大家马上就会想到塑料瓶、纸盒、纸芯筒等，这些材料在我们的生活中弃之可惜，而它们正好能成为创意活动的材料。在我们幼儿园有一个大大的"宝贝"回收站，无论是老师还是孩子都会定期收集各种可回收材料，然后将它们运用到不同的创意活动中。这既能丰富我们的材料资源，又能激发孩子的环保意识。

　　在这一类的创意活动中，老师要关注很多方面：第一要关注孩子的想象能力，观察他们是否能结合可回收材料的形状、造型等进行合理的想象；第二要关注孩子的合作能力，同伴之间能否协商、分工，在创作过

程中能否相互配合等都是需要老师观察与指导的；第三要关注工具的使用情况，活动中会用到透明胶、剪刀、白胶、刷子等多种工具，孩子们的使用方法如何、是否存在困难也是老师的关注点之一。

瞧，在孩子的奇思妙想、通力合作下，生活中废旧的凳子、椅子大变身。矮矮扁扁的长凳变成了河马、鳄鱼；高高瘦瘦的长凳变成猎豹；孩子的小椅子变成了小花猫；成人的大椅子变成了梅花鹿……这些都是孩子们根据长凳和椅子原有的造型，迁移生活经验大胆想象创作而成。原本宽阔的走廊俨然成了热闹的动物园，孩子们的创意还在继续……

PART5

材料 使用 的 秘密

经常有人问我，有什么新颖的材料？我的回答是没有。局限我们想象力的不是材料的贫瘠，而是对材料的理解。环境创设中的大部分材料都是日常可见，随手可得。

二次加工和二次上色

在环创过程中，很多材料由于表面比较光滑导致上色效果不好，或者过于表面平整，让整体缺乏层次感，也可能由丁颜色过于丰富，影响整体效果。因此，我们在使用中，会对材料进行二次加工，一般常见方法是使用纸张，纸浆或超轻粘土对材料进行包裹。

比如图中我们使用的奶粉罐，载体颜色过于丰富，影响了作品的呈现，因此我们使用了具有艺术感的包装纸对其进行包裹加工，然后再布置作品。

超轻粘土是我们经常使用的塑形材料，对材料包裹能够产生一种自然的凹凸感，增加载体层次。超轻粘土本身就带有各种颜色，但是由于颜色纯度较高，缺少变化，很难体现丰富性。因此要放弃超轻粘土原本的颜色，对塑形完的作品进行二次上色。

秦夏：

　　大纸筒千万不要扔，这是我们的宝贝。瞧，我们把它们变成一根根立体的图腾柱。

　　孩子们先在纸筒外面包裹一层超轻粘土，可以直接使用相近颜色的粘土，可以在粘土上涂刷底色。接着，就是孩子们大显身手的时候了！他们可以尽情发挥想象，用团、压、拉、搓、连接等各种技能进行彩泥创作，最后把制作好的作品，如可爱的人物、动物、植物等组合粘贴在纸筒上。

这个内容幼儿十分喜欢，究其原因，一是由于孩子们对粘土的喜爱，他们将平面制作的人物、动植物等以立体的形式呈现，更容易获得成功感。更重要的一点是这个内容给了孩子们很大的创作和想象空间，简单的低结构材料推动了孩子多元的想象和表达。

一根柱子就是一个故事，当我们把很多立柱作品巧妙地组合摆放在一起，那就是一个丰富无尽的童话世界。

温馨提示：

1、创作前，老师可以组织幼儿讨论，确定主题，如海底世界、森林奇遇等，以便于幼儿有目的地想象与表现。

2、为了作品的最终呈现更具有层次性，提供的纸芯筒要有不同的高度。

　　既然要对超轻粘土进行二次上色，那么我们在选择超轻粘土的时候，就尽可能避免白色和黑色。因为孩子在上色时不会面面俱到，没有刷到颜料的地方会露出白色或黑色的粘土本色，会和整体引起很大的反差。所以根据表现的主题，尽可以选择灰色、浅咖啡等色调的颜色。

生活中还有很多现成的材料不仅造型好看，而且容易出效果。可以用来直接二次上色，比如大型仿真植物，可以让孩子直接用颜料进行彩绘。

最后，我们将图腾柱和彩绘仿真植物这两组作品进行组合，变成了美术室中充满自然气息的一景。

物尽其用

在 环创过程中，会有很多损耗的工具和材料，比如用下来的刷子、笔和各种板材等。我们可以将这些材料收集、利用起来，以另一种形象成为环境中的一部分。

如图所示，将用过的刷子做成吊饰，与地面的彩色小人形成统一，起到区隔空间的作用。同时，刷子上斑驳的色彩成为了环境中的一道靓丽风景，真是物尽其用。

裁切下来的废板，造型也是非常独特的，通过作品的张贴或者艺术的加工，把他们垂吊在空中，也可以变成一组非常不错的吊饰。而废旧的作品，通过裁切后的黏贴，依然可以让在新的作品上焕发光彩。

聚零为整

不难看出，我们一直在做一件事情，就是将小块化材料进行组合构建，不同规格形状材料载体尽量选择同种材质进行作品创设，这样能够让它在空间环境中得到非常好的整体艺术感受。

而不同形状材质材料的，我们可以经过造型组合固定后，进行二次加工或者二次上色，来达到主体统一协调的感觉。

PART6

布置的小技巧

平面作品空间化

环境是一个空间的存在，在创设时，尽量以立体的形式呈现。

如果是画在平面载体上的作品，怎么突显立体感？我们应该在考量空间的格局后，将平面作品进行层次化的放置，就会有前后的层叠变化。

如图所示，这是一组无论背景还是主体都是以平面载体为主的环创作品。背景直接固定在墙面上，主体部分的建筑，根据其大小、高低、颜色进行错落排布，呈现丰富而立体的效果。

杨少然:

在大型的油画布上，孩子们模仿美国著名抽象表现主义绘画大师波洛克的泼洒风格，尽情而快乐地创作，有的用滚筒涂刷底色，有的用刷子甩出细细长长的线条、有的用挤酱瓶挤出点状的图案……孩子们给这幅大型作品取名为《星空》。

在大班"我们的城市"主题下，孩子们在雪弗板上画下了汽车城安亭一幢幢特别的建筑，有象征着团结向上的"市民广场"雕塑，有人来人往的"嘉亭荟"购物中心，有代表汽车文化的"汽车博物馆"、"大众汽车厂"等。孩子们提议，将这些安亭的有名建筑放在星空下，还要给每一幢建筑装上绚丽的霓虹灯。《星空下的城市》由此诞生。

温馨提示:

1、教师为幼儿所提供的颜料要有一定的指向，色彩不易过多过杂。

2、幼儿绘画建筑时要有丰富的主题经验，对建筑的显著特征有一定的了解。

3、对每一副建筑作品进行轮廓化的黑线勾边，以免主体之间颜色相互影响，黑边的勾勒也可以使整组作品更加完整。

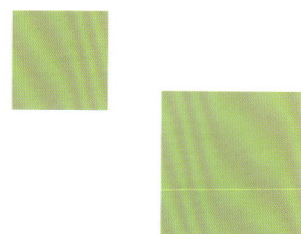

类似这种房子都是大色块为主的单张平面作品时，在制作的时候应该对作品进行轮廓化的黑线沟边，以免主体之间颜色相互影响，黑色的勾勒也可以时整组作品更加完整。

　　同样的方式在布置个别化以及主体墙的时候同样的适用。

　　我们也可以通过一些特殊的形式感和方法，通过组合平面作品来制作出特别的环境。

王晓君：

这是一幅特别的大型作品：从左往右看，是桃红柳绿的春天；从右往左看，是秋意盎然的秋天。

首先，指导孩子们在KT板上描绘两个季节不同的景色。等颜料干透，由老师将两幅作品纵向等分成若干长条形，再将分割好的板块按照两幅作品的画面顺序依次摆放，每两块之间成90度直角"Z"字型黏贴在一起，最终，形成"一画两景"的壮观景象。

创作大型作品时，我们关注幼儿的协商合作能力，告诉他们创作同一副作品的孩子是一个团队，先商量、再分工是最好的合作方式。创作中，孩子们往往会

只关注自己面前的位置，而忽视整体画面，所以我们也引导孩子们画一画、看一看，与同伴所表现的画面之间做好补充和衔接。

温馨提示：

1、如果想把此作品当成空间隔断，可以在另一面也画上作品，这样一副作品从不同的方位和角度就能看到四个不同的画面。

2、两块版面直角黏贴后会有一条白边，为了让画面更加精致、完整，建议由老师在白边处进行色彩填补。

立体作品组合化

网上购物能给环境布置提供很多便利，我们可以选择一些能够展示作品的吊饰，例如铁艺吊饰、竹制秋千、藤蔓等，配合孩子的作品能达到不错的效果。

当然，我们也可以自制吊饰。如图所示，结合孩子的线描作品，组成了一组壮观、独特的吊饰环境。

杨佳懿：

　　这是老师和孩子们共同创设的"天空之城"，马卡龙颜色的底座配上丰富多彩的线描画面，真是美不胜收。它既是长长走廊的空间隔断，也是大班" 我们的城市"主题环境。

　　首先，将雪弗板裁成长短不一的长条状，孩子们利用旧报纸将条状雪弗板进行覆盖和包裹，做成一面平整、一面微微凸起如小山丘一样的立体造型。然后涂抹白胶将餐巾纸覆盖在上面，直到底座变硬变白。接着，就是孩子们涂色的过程，他们灵活地运用画笔将一个个底座涂上粉绿、粉蓝、粉黄等温馨的颜色。

　　在"我们的城市"主题下，孩子们积累了大量的主题经验，我们鼓励孩子们运用勾线笔以线描画的方式记录下周围的生活场景，参差的高楼、热闹的马路、驰骋的汽车、悠闲的行人，甚至还有摩天轮和过山车……老师把孩子们的作品沿轮廓剪下来，按照前后、高低、疏密等原则黏贴在底座平整的一面。当一块块底板错落地悬挂在空中，具有美感和童趣的天空之城就完成了。

■ 教师感想

温馨提示：

　　为了让孩子的线描作品能立体呈，需要用一定厚度的纸张，建议使用多层卡纸。

PART7
环境 的 意义

幼儿园的环境，除了要满足孩子的各方面发展，给予孩子美的感受。在提升环境的艺术性与儿童视角的同时，我们应该更加注重艺术的时代性并赋予环境更多的内涵。

环境要跟上时代

我们经常看到我国台湾，以及日韩、欧美等很多地方的老师把孩子带到美术馆进行授课学习，现代的雕塑、装置艺术、摄影、绘画等，无疑体现着时代的发展。作为幼儿园的环境也是如此，与时俱进才是正确提高孩子审美和修养的方式。我在设计环境的时候，会将很多元素吸收进来，对环境和作品进行更好的诠释。

蒙德里安的作品，经常会被我们运用到环境中，我对这组作品进行了解构和重组。把柜子设计成了作品，孩子可以在这里取阅关于蒙德里安大师的书籍，可以欣赏由作品衍生出来的生活用品，以此来诠释艺术赋予生活的意义。

灯 不在是单纯的照明，抬头便是艺术欣赏。

还有孟菲斯风格的阅读区。孩子可以在这里翻阅或者欣赏各类大师的作品。

环境体现功能性

环境的意义除了展示作品、提升审美之外，还应该具备各种功能性。如图所示，这个区域提供了各种生活材料，如布料、绒线等。我们将取材功能加入到环境创设中。

悬挂的亚克力透明球里放着各色绒线，每个透明球下面开一个小洞，从洞口将绒线穿引出来，孩子可以自由拉取使用。

　　不同质地、花色的布料直接摆放在锥形的立体装置中，既是一种装饰也便于幼儿直接在环境中取材。

图书在版编目（CIP）数据

跟着昌吉路幼儿园学艺术环创 / 陈泠风著. -- 上海：
文汇出版社，2020.10
 ISBN 978-7-5496-3265-7

Ⅰ. ①跟… Ⅱ. ①陈… Ⅲ. ①艺术教育－学前教育－
教学参考资料 Ⅳ. ①G613.5

中国版本图书馆CIP数据核字(2020)第199084号

跟着昌吉路幼儿园学艺术环创

主　　编 / 陈泠风
责任编辑 / 甘　棠
装帧设计 / 薛　冰
出　　版 / 🅼 文匯出版社
　　　　　　上海市威海路755号
　　　　　　（邮政编码200041）
经　　销 / 全国新华书店
排　　版 / 上海零蓝文化传播有限公司
印刷装订 / 上海邦达彩色包装印务有限公司
版　　次 / 2020年10月第1版
印　　次 / 2020年10月第1次印刷
开　　本 / 12开
字　　数 / 200千字
印　　张 / 13

ISBN 978-7-5496-3265-7
定　　价 / 168.00元